Sti(e)lvoll! Lecker!

Inhalt

Fröhlich-süße Backkunstwerke mit Stiel

Der neue Kuchentrend heißt Cakepops – kleine Kuchen am Stiel. Und sie erobern in rasantem Tempo rollend unsere Backstuben. Cakepops setzen bunte Akzente auf Kuchenbüfetts, werden als Gastgeschenk überreicht, sind ein moderner Geburtstagskuchen oder dienen als Platzkarten auf der festlich gedeckten Kaffeetafel. Die Herstellung ist ganz einfach: Gebackener Kuchen wird zerbröselt, mit Creme verknetet, geformt, gekühlt und anschließend verziert. Das kann wirklich jeder. Und beim Verzieren sind Ihrer Fantasie keine Grenzen gesetzt. Darum: »Kugel doch mal!« – geben Sie kleinen Kuchen Ihren Sti(e)l!

Cakepops – Schritt für Schritt in Form gebracht

Am besten lässt sich selbst gebackener Kuchen (siehe Seite 6f.) verarbeiten, wenn er mindestens am Vortag gebacken wurde und richtig ausgekühlt ist.

1 Zuerst wird der Kuchen zerbröselt: Dazu schneiden Sie den Kuchen in grobe Stücke und zerkleinern ihn am besten im Mixer weiter. Oder Sie bröseln ihn mit den Händen klein.

2 Nun wird die nach dem jeweiligen Cakepop-Rezept zubereitete Creme erst mit einem Teigschaber oder Löffel und dann mit den Händen unter die Kuchenbrösel gearbeitet.

Tipp Arbeiten Sie nicht die gesamte Creme auf einmal unter. Denn wenn die Kuchenmischung zu weich wird, lassen sich die Cakepops nicht formen oder rutschen später beim Glasieren von ihren Stielen.

3 Die Kuchenmischung hat die richtige Konsistenz, wenn sie sich wie fester, aber gut formbarer Knetgummi anfühlt. Damit Ihre Cakepops gleichmäßig groß werden, wiegen Sie nun am besten mit einer digitalen Küchenwaage 40-Gramm-Portionen ab.

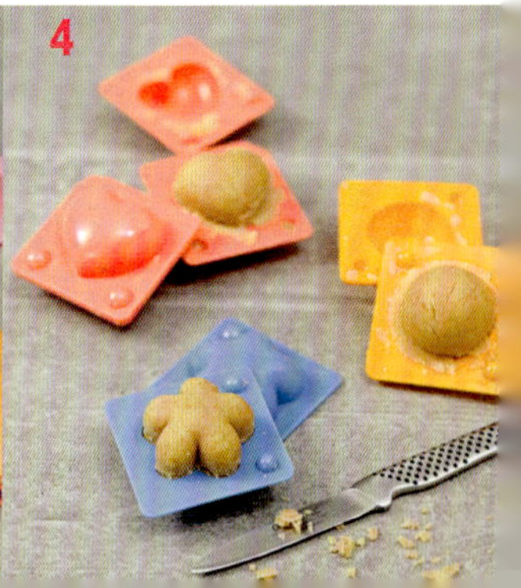

Tipp Für reich verzierte, frei geformte Cakepops verwenden Sie am besten 30-Gramm-Portionen.

4 Drücken Sie die Portionen leicht zusammen und stellen Sie mit den Formen zu diesem Buch Blumen, Kugeln oder Herzen her. Überstehendes entfernen Sie vorsichtig mit einem Messer. Für frei geformte Cakepops rollen Sie mit den Händen glatte Kugeln.

5 Zum Festwerden stellen Sie die Kuchenportionen auf einem mit Backpapier belegten großen Teller (oder einer Platte) für mindestens 1 Stunde in den Kühlschrank.
Tipp Cakepops dürfen auch in den Tiefkühler gegeben werden – jedoch maximal für 15 Minuten, sonst kann später die Glasur Risse bekommen.

6 In der Zwischenzeit schmelzen Sie die Glasur. Dann versehen Sie Ihre Cakepops portionsweise mit Stielen (die anderen Cakepops bleiben währenddessen im Kühlschrank): Tauchen Sie einen Stiel fingerbreit in die Glasur, stecken Sie ihn sofort ebenso tief in einen Cakepop. Dann lassen Sie die Glasur fest werden. Dadurch wird verhindert, dass der Cakepop beim Glasieren vom Stiel rutscht oder sich dreht.

7 Jetzt werden die Cakepops einzeln mit Glasur überzogen: Fassen Sie den Kuchenlolli am Stiel, tauchen Sie ihn in die Glasur, drehen Sie ihn, bis er vollständig glasiert ist, und lassen Sie die überschüssige Glasur abtropfen. Dazu halten Sie den Stiel in einer Hand und klopfen mit der anderen vorsichtig auf die haltende Hand.
Tipp Mithilfe eines (langstieligen) Löffels lässt sich ein wenig Glasur auf mögliche Lücken im Überzug Ihrer Cakepops träufeln.

8 Die fertig glasierten Kuchenlollis stecken Sie zum Abkühlen und Trocknen in einen Styroporblock (siehe auch Seite 11).
Tipp Halten Sie Abstand zwischen den einzelnen Cakepops! So kann die Glasur rundum gleichmäßig und vor allem unversehrt trocknen.

9 Bevor die Glasur ganz fest wird, verzieren Sie Ihre Cakepops nach dem jeweiligen Rezept.

Tipp Um immer Kuchen für Cakepops parat zu haben, können Sie einen Kuchen auf Vorrat einfrieren und bei Bedarf rechtzeitig auftauen lassen.

Kuchenrezept 1
Vanillekuchen mit Butter

Für 1 Kastenform (20 cm Länge, ergibt ca. 450 g)

- 125 g zimmerwarme Butter
- 80 g Zucker
- 1 Päckchen Vanillezucker
- 1 Prise Salz
- 2 Eier (Größe M)
- 150 g Mehl (oder Dinkelmehl Type 630)
- 2 TL Backpulver
- 1 EL Milch

Außerdem

Butter und Mehl für die Form

Zubereitungszeit ca. 20 Min.
Backzeit 45–50 Min.

Tipp *Wer sich das Abmessen der Zutaten sparen möchte, greift auf seine Lieblingsbackmischung aus dem Supermarktregal zurück.*

Mit Varianten

1 | Backofen auf 180 °C (Umluft 160 °C) vorheizen. Die Kastenform ausfetten und dünn mit Mehl bestäuben.

2 | Butter mit den Quirlen des Handrührers oder in der Küchenmaschine glatt rühren. Nach und nach Zucker, Vanillezucker und Salz zugeben, alles in 8 Minuten hellcremig rühren. Eier einzeln und gründlich unterrühren.

3 | Mehl und Backpulver mischen und durchsieben. In 2 Portionen abwechselnd mit der Milch kurz auf mittlerer Stufe unterrühren. Teig in der Kastenform verteilen und glatt streichen.

4 | Auf dem Rost im unteren Drittel des Ofens in 45 bis 50 Minuten goldbraun backen und eine Garprobe machen (siehe Seite 7). Kuchen 5 Minuten im ausgeschalteten Ofen ruhen lassen, dann auf einem Rost 10 Minuten abkühlen lassen. Aus der Form lösen und auf dem Rost ganz auskühlen lassen.

Variante Schokokuchen *Dafür in Schritt 3 20 Gramm Kakaopulver mit Mehl und Backpulver mischen und durchsieben. Abwechselnd mit insgesamt 4 Esslöffeln Milch in 2 Portionen kurz auf mittlerer Stufe unter die glatt gerührte Butter mischen.*

Variante Mandel-, Nuss- oder Pistazienkuchen *Dafür in Schritt 3 je 50 Gramm gemahlene Mandeln oder Haselnusskerne bzw. im Blitzhacker zerkleinerte Pistazien mit Mehl und Backpulver mischen. Abwechselnd mit 2 Esslöffeln Milch in 2 Portionen kurz auf mittlerer Stufe unterrühren.*

Kuchenrezept 2

Vanillekuchen mit Rapsöl

Mit Varianten

1 | Backofen auf 180 °C (Umluft 160 °C) vorheizen. Die Kastenform ausfetten und dünn mit Mehl bestäuben.

2 | Eier, Zucker, Vanillezucker, Salz und 3 Esslöffel warmes Wasser mit den Quirlen des Handrührers oder in der Küchenmaschine 8 Minuten weißschaumig rühren.

3 | Mehl und Backpulver mischen und durchsieben. In 2 Portionen kurz auf mittlerer Stufe unterrühren. Rapsöl ebenfalls kurz unterrühren und den Teig in der Kastenform verteilen.

4 | Auf dem Rost im unteren Drittel des Ofens in 45 bis 50 Minuten goldbraun backen und eine Garprobe machen (siehe rechts). Kuchen 5 Minuten im ausgeschalteten Ofen ruhen lassen, dann auf einem Rost 10 Minuten abkühlen lassen. Aus der Form lösen und auf dem Rost ganz auskühlen lassen.

Variante Schokokuchen *Dafür in Schritt 2 5 Esslöffel warmes Wasser verwenden. In Schritt 3 20 Gramm Kakaopulver mit Mehl und Backpulver mischen, durchsieben und wie oben beschrieben unterrühren.*

Variante Mandel-, Nuss- oder Pistazienkuchen *Dafür in Schritt 2 5 Esslöffel warmes Wasser verwenden. In Schritt 3 50 Gramm gemahlene Mandeln oder Haselnusskerne bzw. im Blitzhacker zerkleinerte Pistazien mit Mehl und Backpulver mischen und wie oben beschrieben unterrühren.*

Für 1 Kastenform (20 cm Länge, ergibt ca. 450 g)

2 Eier (Größe M)
80 g Zucker
1 Päckchen Vanillezucker
1 Prise Salz
150 g Mehl (oder Dinkelmehl Type 630)
2 TL Backpulver
80 g Rapskernöl

Außerdem
Öl und Mehl für die Form

Zubereitungszeit **ca. 20 Min.**
Backzeit **45–50 Min.**

Garprobe *Um zu prüfen, ob der Kuchen fertig gebacken ist, stechen Sie mit einem Holzstäbchen an der dicksten Stelle in den Kuchen und ziehen es wieder heraus. Ist das Hölzchen trocken und haftet kein Teig daran, ist der Kuchen gar.*

Auf das Äußere kommt es an

Kuchenlollis bestechen in erster Linie durch ihr originelles Aussehen. Dass sie dazu noch selbst gemacht sind und hervorragende innere Geschmackswerte aufweisen, macht die trendigen Kuchen am Stiel zu etwas ganz Besonderem. Um Cakepops zu umhüllen und damit äußerlich hübsch in Schale zu werfen, gibt es mehrere Möglichkeiten:

Klassisch – mit Kuvertüre

Bei Cakepops mit reinem Kuvertüreüberzug beißt man sich durch die knackige Schokolade und findet im Inneren einen saftigen Kuchenkern.

Kuvertüre ist eine Schokoladenmasse, die sich durch ihren höheren Kakaobuttergehalt von Tafelschokolade unterscheidet. Um Kuvertüre verwenden zu können, muss diese temperiert, d. h. auf Verarbeitungstemperatur gebracht werden. Dafür wird zunächst der Kuvertüreblock mit einem schweren Messer fein gehackt. Dann wird die Kuvertüre in einer Metallschüssel über einem warmen Wasserbad geschmolzen, wobei sie maximal 45 °C heiß werden darf. Sie wird gelegentlich leicht umgerührt, um das Schmelzen zu beschleunigen. Anschließend wird die flüssige Kuvertüre in der Schüssel in einem zweiten kalten Wasserbad unter Rühren abgekühlt. Über einem weiteren Wasserbad muss die Kuvertüre nun wieder leicht erwärmt werden, bevor die Cakepops darin tauchen dürfen.

Das klingt vielleicht etwas kompliziert – mit einem Thermometer (einfaches Teewasserthermometer oder digitales Küchenthermometer) und der Tabelle unten ist es aber ganz einfach.

Bei Kuvertüremischungen wird immer auf die jeweils niedrigere Temperaturspanne abgekühlt und erwärmt (Beispiel: Mischung aus 300 Gramm Bitterkuvertüre und 200 Gramm Vollmilchkuvertüre: Abkühlen auf 27 bis 28 °C, Erwärmen auf 29 bis 30 °C).

Tipp Möchten Sie nur mit Kuvertüre verzieren, wird das durch Zugeben von 10 % Kokosfett leichter, weil diese Mischung dünnflüssiger ist (Beispiel: 400 Gramm Kuvertüre mit 40 Gramm Kokosfett schmelzen).

	Schmelzen	Abkühlen	Erneutes Erwärmen und Verarbeiten
Wasserbad	ca. 55 °C	ca. 25 °C	max. 35 °C
Bitterkuvertüre	40 – 45 °C	28 – 30 °C	31 – 32 °C
Vollmilchkuvertüre	40 – 45 °C	27 – 28 °C	29 – 30 °C
Weiße Kuvertüre	40 – 45 °C	26 – 27 °C	28 – 29 °C

Ohne Temperieren oder durch falsches Temperieren kann der Überzug entweder graufleckig und glanzlos werden (zu warm temperiert), oder er wird graustreifig (zu kalt temperiert und/oder beim Abkühlen zu wenig gerührt). Diese Temperierfehler sehen zwar nicht schön aus, haben aber keinen Einfluss auf den Geschmack.
Achtung! Gelangen Wasser oder Wasserdampf an die schmelzende Kuvertüre, wird sie dickflüssig und kann nicht weiterverarbeitet werden!

Modern – mit Kuchenglasur

Die Verarbeitung von Kuchenglasur ist im Vergleich zur Kuvertüre viel leichter und gelingsicher, denn Kuchenglasur muss nicht temperiert werden. Der Biss durch die süßere Glasur ist weicher als durch knackige Kuvertüre, bereitet aber auch Vergnügen. Kuchenglasur gibt es in jedem Supermarkt in verschiedenen Sorten und wird nach Packungsanweisung geschmolzen.
Weil Kuchenglasur dünnflüssiger wird als Kuvertüre, kann es bei heller Glasur für Cakepops aus dunklem Teig sinnvoll sein, sie nach dem Trocknen ein zweites Mal zu glasieren.
Achtung! Wie Kuvertüre mag auch Kuchenglasur keinen direkten Wasserkontakt!

Voll im Trend – Glasurlinsen

Bereits vorgefärbt sind sogenannte Glasurlinsen bzw. Schmelzdrops (englisch »candymelts« oder »candycoating«), die man im Spezialitätenhandel bekommt bzw. über das Internet beziehen kann. Es gibt sie in vielen Farben und den verschiedensten Geschmacksrichtungen.
Die Linsen werden nach Packungsanweisung einfach im Wasserbad oder in der Mikrowelle geschmolzen und lassen sich bei Bedarf im geschmolzenen Zustand mit Kokosfett geschmeidiger machen.
Achtung! Auch Glasurlinsen mögen keinen direkten Wasserkontakt!

Praktisch – die richtige Mischung macht's

Für die meisten Rezepte in diesem Buch hat sich eine Mischung aus Kuvertüre und Kuchenglasur als ein ganz besonderer und idealer Glasurüberzug herausgestellt. Hierzu wird zunächst Kuchenglasur in einer Metallschüssel über einem warmen Wasserbad geschmolzen. Anschließend löst man in der flüssigen Glasur gehackte Kuvertüre auf. Der Vorteil: Es muss nicht temperiert werden. Der Biss durch die Glasur ist herrlich cremig und weniger süß als bei reiner Kuchenglasur.

Tipp Weiße Kuvertüre, Kuchenglasur oder eine Mischung daraus lassen sich mit fettlöslicher Lebensmittelfarbe aus dem Spezialitäten- bzw. Internethandel ganz einfach bunt färben. Dabei kann man die Farben auch mischen, um beispielsweise Grün oder Orange zu bekommen.

Hilfreiche Utensilien

Kugel, Herz & Blüte bringen Cakepops in Form

Die Cakepop-Formen zu diesem Buch bestehen aus lebensmittelechtem Kunststoff. Vor dem ersten Gebrauch reinigen Sie sie bitte mit warmem Wasser und Spülmittel und trocknen sie dann sorgfältig ab. Anschließend sind sie einsatzbereit. Bitte reinigen Sie die Formen wiederum gründlich, nachdem alle Cakepops geformt sind, und bewahren Sie sie geöffnet auf. Die Formen sind spülmaschinenfest.

Achtung! Die Cakepop-Formen sind nicht für den Gebrauch in Backofen oder Mikrowelle geeignet!

Tipp Wenn Sie Cakepops mit Plätzchenausstechern formen wollen, achten Sie bitte darauf, dass diese nicht zu filigran sind.

Sti(e)lsicher – unterschiedliche Stiele für Ihre Cakepops

Im Supermarkt findet man preiswerte Schaschlikspieße aus Holz. Diese sind meist 20 Zentimeter lang und lassen sich mit einer stabilen Küchenschere kürzen. So können Sie Ihre Cakepops in unterschiedlichen Längen präsentieren. Im Spezialitäten- bzw. Internethandel finden sich »Lollipop-Sticks« aus stabil verarbeitetem

Tipp: Cakepops ohne Backen

Noch einfacher und zeitsparender geht's mit fertig gekauftem Kuchen aus dem Supermarkt um die Ecke. Für Cakepops eignet sich am besten ein »Wiener Boden«, den Sie dort in einer dunklen oder hellen Variante finden. Sie können auch Cakepops aus Keksen oder Muffins machen (Rezepte hierzu finden Sie auf den Seiten 20 und 23).

Faustformel Für 500 Gramm Kuchenbrösel benötigen Sie etwa 150 Gramm Kuchencreme.

Bei glasierten Kuchen aus dem Kuchenregal muss vor dem Zerbröseln die Glasur dünn abgeschnitten werden. Kuchen mit festen Bestandteilen (z.B. mit Rosinen) eignen sich nicht für Cakepops.

Papier oder Kunststoff in verschiedenen Ausführungen. Diese sind im Vergleich zu den Holzspießen sehr teuer. Eine hübsche Idee für geübte Cakepop-Hersteller sind essbare Stiele aus Keksstäbchen mit Schokoüberzug (z. B. »Mikado«). Sie eignen sich allerdings nur für einfache Cakepops. Damit ihr Überzug beim Glasieren der Cakepops nicht schmilzt oder bricht, fasst man sie am besten mit einer Manschette aus mehrfach gefaltetem Küchenkrepp kurz unterhalb des Cakepops an.

Tipp Sollen Cakepops z. B. in einen Styroporblock gesteckt transportiert werden, empfehlen sich kurze Stiele.

Helferlein aus der Küche

Zum Schmelzen der Cakepop-Glasur eignet sich am besten ein Schlagkessel mit Standring oder eine andere Metallschüssel. Der Topf mit dem Wasserbad muss entsprechend groß gewählt werden, damit es zu keinem direkten Wasserkontakt kommt und kein Wasserdampf an die Glasur gelangen kann.

Da Metall ein guter Wärmeleiter ist, muss die Glasur während des Schmelzens vom Schüsselrand zur Mitte sanft verrührt werden. Hierzu empfiehlt sich ein kleiner Silikonschaber.

Styroporblock, Steckmoos, Eierpappe

Wohin mit den frisch glasierten Kuchenlollis? Am einfachsten steckt man sie zum Trocknen in einen dicken Styroporblock aus dem Baumarkt, den man selbst zuschneidet. Ideal ist ein Maß von 50 mal 20 Zentimetern. Die Löcher für die Cakepop-Stiele bohren Sie am besten vor der Kuchenlolliproduktion mit ausreichenden Abständen in den Block, damit Ihre Kunstwerke aufrecht stehen können und nicht aneinanderstoßen. Gut geeignet sind auch Steckmoosziegel aus dem Bastelbedarf. Beides sollten Sie bis zum Gebrauch mit Frischhaltefolie abdecken.

Auch in großen Eierpappen (z. B. aus dem Supermarkt) können die frisch gebadeten Cakepops schön Aufstellung nehmen.

Hilfestellung: verschiedene Stiele und Steckmassen für Ihre Cakepop-Produktion.

Noch Fragen?

Das große Cakepop-Interview

Was tun, wenn die Cakepop-Masse zu weich geraten ist?

Vor allem Ruhe bewahren – denn die Masse lässt sich recht einfach retten! Eine Möglichkeit: Arbeiten Sie Semmelbrösel esslöffelweise unter, bis die richtige Konsistenz der Masse (siehe Seite 4) erreicht ist. Alternativ kann man Butterkekse im Mixer fein mahlen und mit der zu weichen Masse vermischen.

Womit lassen sich Cakepops dekorieren?

Die meisten Dekoartikel finden Sie im Backregal gut sortierter Supermärkte. Besonders zur Weihnachtszeit haben Sie dort reiche Auswahl. Da lohnt sich das Zugreifen, denn vieles lässt sich ganzjährig einsetzen.
Auch im Süßigkeitenregal gibt es jede Menge für die Verzierung von Cakepops Geeignetes. Besondere Verzierungen bekommen Sie in Onlineshops im Internet (Beispiele siehe Seite 63) oder in größeren Städten in den entsprechenden Spezialitätengeschäften.

Tipp Die in den Rezepten dieses Buches beschriebenen Verzierungen sollen Anregungen sein. Wenn Sie erst zum Cakepop-Fan geworden sind, stöbern Sie einfach nach geeignetem Dekomaterial und probieren nach Lust und Laune aus.

Wie lange können Cakepops aufbewahrt werden?

Das ist selten ein großes Problem – denn erfahrungsgemäß werden die hübschen und leckeren Kuchen am Stiel nicht besonders alt …
Am besten bewahren Sie Ihre Backkunstwerke im Kühlschrank oder im kalten Keller auf. Dort sollten die Cakepops aber nicht länger als drei Tage bleiben. Zum Einfrieren sind Cakepops nicht geeignet, denn dabei leidet ihre Glasur. Im Voraus geformte und unglasierte Rohlinge können Sie im Kühlschrank mit Frischhaltefolie abgedeckt oder in fest schließenden Kunststoffdosen verpackt zwei Tage aufheben.

Wie präsentiert man Cakepops einfach hübsch?

Styroporplatten aus dem Baumarkt und quaderförmige Steckmasseblöcke aus dem Bastelbedarf lassen sich mit einem Sägemesser leicht in verschiedene Größen schneiden. Die Blöcke können Sie dann in Geschenkpapier wickeln und mit buntem Klebeband dekorieren. Am besten bohren Sie die Löcher für die Cakepops mit einem feinen Hölzchen vor, bevor die Kuchenlollis durch das Papier in den Block gesteckt werden.
Auch die Deckel von bunten Pappschachteln können

Sie durchbohren und als Cakepop-Ständer verwenden. Noch eine hübsche Möglichkeit ist, (kleine) Gläser mit Reis oder kleinen Linsen zu befüllen, die Cakepops hineinzustellen und die Gläser auf dem Tisch zu verteilen.

Wie kann man Reste der Cakepop-Glasur weiterverwenden?

Direkt nach der Cakepop-Produktion können Sie Erdbeeren oder andere Früchte (beispielsweise getrocknete Aprikosen) mit der übrig gebliebenen Glasur überziehen und nach Belieben verzieren. Oder Sie füllen die Glasur in ein Glas und stellen sie nach dem Abkühlen verschlossen kalt. Im Kühlschrank hält sie sich bis zu zwei Wochen. Zur Wiederverwendung lässt sich die Glasur im Glas in einem warmen Wasserbad einfach erneut erwärmen.

Wie lassen sich Cakepops effektvoll verpacken?

Im Papierwarenhandel finden Sie einfache Zellophanbeutel, mit denen Sie die Stielkuchen hervorragend in Szene setzen: Dazu werden die Beutel von oben über die Cakepops gestülpt und mit Schleifenband an die Stiele gebunden. Praktisch ist auch ein Bratschlauch: Er lässt sich in Quadrate (ca. 14 mal 14 Zentimeter) schneiden; in diese werden die Cakepops wie eben beschrieben verpackt.

Dekoidee »Platzkarten« Bereiten Sie eine Cakepop-Masse zu und formen Sie sie mit ebenem Fuß, wie auf Seite 43 beschrieben. Statt der dort verwendeten Kerzen stecken Sie in Glasur getauchte Stiele von oben in die Kuchenkugeln und lassen sie kurz trocknen. Dann glasieren Sie die Kuchenkugeln vollständig; bevor die Glasur fest wird, verzieren Sie sie nach Belieben. Jetzt beschriften Sie Transparentpapierstreifen mit den Namen Ihrer Gäste und kleben diese an die Stiele der Kuchenlollis. Sie sehen besonders hübsch aus, wenn man sie mit kleinen Tortenspitzen in einen Zellophanbeutel mit Boden steckt und die Tüte unterhalb des Namensschildchens mit (buntem) Schleifenband zubindet.

Eine Augenweide, die auf der Zunge zergeht: Kuchenlollis machen Platzkarten zu etwas ganz Besonderem.

EINFACH GUT

Schokolachgesichter

Für 15 Cakepops

40 g Haselnusskerne, gehackt

1 Schokokuchen (siehe Seite 6 & 7)

Für die Kuchencreme

100 g zimmerwarmer Doppelrahmfrischkäse

50 g Puderzucker

Für die Glasur

2 Pckg. Vollmilchkuchenglasur (à 100 g)

300 g Vollmilchkuvertüre

Für die Garnitur

100 g weiße Kuvertüre

Außerdem

15 Cakepop-Stiele

Einwegspritzbeutel

Zubereitungszeit

ca. 1 Std. 45 Min. (plus Wartezeit)

Smile!

1 | Haselnusskerne in einer Pfanne ohne Fett goldbraun rösten und auf einem Teller abkühlen lassen. Den Kuchen in grobe Stücke schneiden und zerbröseln (siehe Seite 4). Frischkäse mit einem Schneebesen glatt rühren. Puderzucker darauf sieben und unterrühren. Creme, Brösel und Nüsse erst mit einem Teigschaber, dann mit den Händen zu einer glatten Masse vermischen. Masse portionieren, mithilfe der Formen zu Kugeln, Herzen und Blüten formen und kalt stellen (siehe Seite 4 & 5).

2 | Inzwischen die Glasur in einer Metallschüssel über einem warmen Wasserbad schmelzen lassen. Kuvertüre mit einem schweren Messer fein hacken und unter gelegentlichem Rühren in der Glasur auflösen (siehe Seite 9).

3 | Nacheinander erst die Stiele fingerbreit in die Glasur tauchen, dann sofort in ein vorbereitetes Kuchenstück stecken und kurz trocknen lassen. Die Kuchenlollis nacheinander in die Glasur tauchen, vollständig überziehen und kurz abtropfen lassen. Cakepops zum Abkühlen und Trocknen in einen Styroporblock o. Ä. stecken.

4 | Weiße Kuvertüre mit einem schweren Messer fein hacken und die Hälfte in einer Metallschüssel über einem warmen Wasserbad schmelzen lassen. Schüssel vom Wasserbad nehmen, restliche Kuvertüre unter Rühren darin auflösen. In einen Einwegspritzbeutel füllen und die Spitze fein abschneiden. Gesichter auf die Cakepops spritzen und trocknen lassen.

Tipp *Für helle Lachgesichter einen Vanillekuchen verwenden, mit Vanilleglasur und weißer Kuvertüre überziehen. Diese lässt sich auch färben (siehe Seite 10). Zum Zeichnen der Gesichter Zartbitterkuvertüre verwenden.*

Zitronenkugeln mit Zuckerperlen

1 | Den Kuchen in grobe Stücke schneiden und zerbröseln (siehe Seite 4). Frischkäse, Zitronensaft und Zitronenschale mit einem Schneebesen glatt rühren. Puderzucker darauf sieben und unterrühren. Creme und Brösel erst mit einem Teigschaber, dann mit den Händen zu einer glatten Masse vermischen. Masse portionieren, mithilfe der Form zu Kugeln formen und kalt stellen (siehe Seite 4 & 5).

2 | Inzwischen die Zitronenglasur in einer Metallschüssel über einem warmen Wasserbad schmelzen lassen. Kuvertüre mit einem schweren Messer fein hacken und unter gelegentlichem Rühren in der Glasur auflösen (siehe Seite 9).

3 | Nacheinander erst die Stiele fingerbreit in die Glasur tauchen, dann sofort in eine Kuchenkugel stecken und kurz trocknen lassen. Die Kuchenlollis nacheinander in die Glasur tauchen, vollständig überziehen und kurz abtropfen lassen. Cakepops zum Abkühlen und Trocknen in einen Styroporblock o. Ä. stecken. Bevor die Glasur fest wird, mit bunten Zuckerperlen verzieren.

Tipp *Wenn Sie keine Zitronenglasur bekommen, können Sie alternativ Vanilleglasur verwenden, die Sie mit ein paar Tropfen Backöl »Zitrone« aromatisieren.*

Für 15 Cakepops

1 Vanillekuchen (siehe Seite 6 & 7)

Für die Kuchencreme

100 g zimmerwarmer Doppelrahmfrischkäse

2 TL Zitronensaft

2 TL fein abgeriebene Biozitronenschale

50 g Puderzucker

Für die Glasur

2 Pckg. Zitronenkuchenglasur (à 100 g)

300 g weiße Kuvertüre

Für die Garnitur

kleine bunte Zuckerperlen

Außerdem

15 Cakepop-Stiele

Zubereitungszeit

ca. 1 Std. 45 Min. (plus Wartezeit)

Bunte Früchtchen

Schokoherzen mit Kokos

Für 15 Cakepops

1 Schokokuchen (siehe Seite 6 & 7)

Für die Kuchencreme

1 Dose cremige Kokosmilch (400 ml; bitte nicht schütteln!)

70 g zimmerwarmer Doppelrahmfrischkäse

60 g Puderzucker

Für die Glasur

2 Pckg. Vanillekuchenglasur (à 100 g)

300 g weiße Kuvertüre

Für die Garnitur

80 g Kokosraspel

Außerdem

15 Cakepop-Stiele

Zubereitungszeit

ca. 1 Std. 45 Min. (plus Wartezeit)

1 | Den Kuchen in grobe Stücke schneiden und zerbröseln (siehe Seite 4).

2 | Mit einem Esslöffel 30 Gramm Kokossahne vorsichtig von der geöffneten Kokosmilch abschöpfen; die restliche Kokosmilch anderweitig verwenden. Kokossahne und Frischkäse mit einem Schneebesen glatt rühren. Puderzucker darauf sieben und unterrühren. Creme und Brösel erst mit einem Teigschaber, dann mit den Händen zu einer glatten Masse vermischen. Masse portionieren, mithilfe der Form zu Herzen formen und kalt stellen (siehe Seite 4 & 5).

3 | Inzwischen die Kuchenglasur in einer Metallschüssel über einem warmen Wasserbad schmelzen lassen. Kuvertüre mit einem schweren Messer fein hacken und unter gelegentlichem Rühren in der Glasur auflösen (siehe Seite 9). Kokosraspel in einen tiefen Teller geben.

4 | Nacheinander erst die Stiele fingerbreit in die Glasur tauchen, dann sofort in ein Kuchenherz stecken und kurz trocknen lassen. Die Kuchenlollis nacheinander in die Glasur tauchen, vollständig überziehen und kurz abtropfen lassen.

5 | Kuchenherzen vorsichtig in den Kokosraspeln wenden, sodass sie vollständig mit Kokosraspel bedeckt sind. Kuchenlollis zum Abkühlen und Trocknen in einen Styroporblock o. Ä. stecken.

Tipp *Um überschüssige Kokosraspel zu entfernen, können Sie die einzelnen Cakepops mit einer Hand am Stiel festhalten. Mit der anderen Hand klopfen Sie leicht auf die haltende Hand.*

Von Herzen

Schokoladige Sternenkugeln

Für 15 Cakepops

500 g kleine Kekse mit Kakaocremefüllung

Für die Kuchencreme

100 g zimmerwarmer Doppelrahmfrischkäse

Für die Glasur

2 Pckg. Vollmilchkuchenglasur (à 100 g)

300 g Zartbitterkuvertüre

Für die Garnitur

weiße Schokosternchen

Außerdem

15 Cakepop-Stiele

Zubereitungszeit

ca. 1 Std. 30 Min. (plus Wartezeit)

Himmlisch!

1 | Kekse portionsweise im Mixer fein zerkleinern und in eine Schüssel geben. Frischkäse und Keksbrösel erst mit einem Teigschaber, dann mit den Händen zu einer glatten Masse vermischen. Masse portionieren, mithilfe der Form zu Kugeln formen und kalt stellen (siehe Seite 4 & 5).

2 | Inzwischen die Glasur in einer Metallschüssel über einem warmen Wasserbad schmelzen lassen. Kuvertüre mit einem schweren Messer fein hacken und unter gelegentlichem Rühren in der Glasur auflösen (siehe Seite 9).

3 | Nacheinander erst die Stiele fingerbreit in die Glasur tauchen, dann sofort in eine Kuchenkugel stecken und kurz trocknen lassen. Die Kuchenlollis nacheinander in die Glasur tauchen, vollständig überziehen und kurz abtropfen lassen. Kugeln zum Abkühlen und Trocknen in einen Styroporblock o. Ä. stecken. Bevor die Glasur fest wird, mit Sternen verzieren.

Tipp *Für das richtige Keks-Kakaocreme-Verhältnis ist es bei diesem Rezept wichtig, kleine Kekse zu verwenden.*

Variante *Für rosa Sternenkugeln Himbeerkuchenglasur verwenden und die Kugeln zweimal damit überziehen, damit die dunklen Kugeln nicht durchscheinen.*

Diese Cakepops finden Sie auf dem Cover (Mitte hinten) abgebildet.

Glitzernde Valentinsherzen

1 | Den Kuchen in grobe Stücke schneiden und zerbröseln (siehe Seite 4). Frischkäse und Himbeerkonfitüre mit einem Schneebesen glatt rühren. Creme und Brösel erst mit einem Teigschaber, dann mit den Händen zu einer glatten Masse vermischen. Masse portionieren, mithilfe der Form zu Herzen formen und kalt stellen (siehe Seite 4 & 5).

2 | Inzwischen die Himbeerglasur nach Packungsanweisung schmelzen lassen.

3 | Nacheinander erst die Stiele fingerbreit in die Glasur tauchen, dann sofort in ein Kuchenherz stecken und kurz trocknen lassen. Die Kuchenlollis nacheinander in die Glasur tauchen, vollständig überziehen und kurz abtropfen lassen. Herzen zum Abkühlen und Trocknen in einen Styroporblock o. Ä. stecken. Bevor die Glasur fest wird, mit Glitzerstreusel verzieren.

Variante *Die Cakepops sehen auch als Blüten geformt gut aus. Dann nur die »Blütenblätter« mit Glitzerstreusel bestreuen und die Mitte jeweils mit einem weißen Schokodekorherz schmücken.*

Diese Cakepops finden Sie auf dem Cover (links) abgebildet.

Für 15 Cakepops

1 Vanillekuchen (siehe Seite 6 & 7)

Für die Kuchencreme

80 g zimmerwarmer Doppelrahmfrischkäse

50 g Himbeerkonfitüre

Für die Glasur

4 Pckg. Himbeerkuchenglasur (à 100 g)

Für die Garnitur

rosa Glitzerstreusel

Außerdem

15 Cakepop-Stiele

Zubereitungszeit

ca. 1 Std. 30 Min. (plus Wartezeit)

Leckere Liebe

Bunt & gut

Kunterbunte Schokokugeln

1 | Butterkekse im Mixer fein zerkleinern und beiseitestellen. Muffins in grobe Stücke schneiden, im Mixer fein zerkleinern und in eine Schüssel geben. Frischkäse mit einem Schneebesen glatt rühren, Puderzucker darauf sieben und unterrühren. Erst Creme und Muffinbrösel mit einem Teigschaber vermischen, dann die Keksbrösel zugeben und alles mit den Händen zu einer glatten Masse vermischen. Masse portionieren, mithilfe der Form zu Kugeln formen und kalt stellen (siehe Seite 4 & 5).

2 | Inzwischen die Kuchenglasur in einer Metallschüssel über einem warmen Wasserbad schmelzen lassen. Kuvertüre mit einem schweren Messer fein hacken und unter gelegentlichem Rühren in der Glasur auflösen (siehe Seite 9). Crispies in ein Schälchen geben.

3 | Nacheinander erst die Stiele fingerbreit in die Glasur tauchen, dann sofort in eine Kuchenkugel stecken und kurz trocknen lassen. Die Kuchenlollis nacheinander in die Glasur tauchen, vollständig überziehen und kurz abtropfen lassen. Kugeln zum Abkühlen und Trocknen in einen Styroporblock o. Ä. stecken. Bevor die Glasur fest wird, die Kugeln in die Crispies drücken.

Für 12 Cakepops

15 Butterkekse (30 g)

4 Muffins (360 g)

Für die Kuchencreme

75 g zimmerwarmer Doppelrahmfrischkäse

20 g Puderzucker

Für die Glasur

2 Pckg. dunkle Schokoladenglasur (à 100 g)

300 g Vollmilchkuvertüre

Für die Garnitur

1 Pckg. bunte Crispies

Außerdem

12 Cakepop-Stiele

Zubereitungszeit

ca. 1 Std. 30 Min. (plus Wartezeit)

Fruchtige Limettenkugeln mit Puffreis

Für 15 Cakepops

1 Vanillekuchen (siehe Seite 6 & 7)

Für die Kuchencreme

100 g zimmerwarmer Doppelrahmfrischkäse

2 TL Limettensaft

3 TL fein abgeriebene Biolimettenschale

50 g Puderzucker

Für die Glasur

2 Pckg. Vanillekuchenglasur (à 100 g)

300 g weiße Kuvertüre

Für die Garnitur

60 g bunter Puffreis

Außerdem

15 Cakepop-Stiele

Zubereitungszeit

ca. 1 Std. 45 Min. (plus Wartezeit)

1 | Den Kuchen in grobe Stücke schneiden und zerbröseln (siehe Seite 4). Frischkäse, Limettensaft und -schale mit einem Schneebesen glatt rühren. Puderzucker darauf sieben und unterrühren. Creme und Brösel erst mit einem Teigschaber, dann mit den Händen zu einer glatten Masse vermischen. Masse portionieren, mithilfe der Form zu Kugeln formen und kalt stellen (siehe Seite 4 & 5).

2 | Inzwischen die Kuchenglasur in einer Metallschüssel über einem warmen Wasserbad schmelzen lassen. Kuvertüre mit einem schweren Messer fein hacken und unter gelegentlichem Rühren in der Glasur auflösen (siehe Seite 9). Puffreis in eine kleine Schale geben.

3 | Nacheinander erst die Stiele fingerbreit in die Glasur tauchen, dann sofort in eine Kuchenkugel stecken und kurz trocknen lassen. Die Kuchenlollis nacheinander in die Glasur tauchen, vollständig überziehen und kurz abtropfen lassen.

4 | Kugeln zum Abkühlen und Trocknen in einen Styroporblock o. Ä. stecken. Bevor die Glasur fest wird, die Kuchenlollis rundum vorsichtig in den Puffreis drücken.

Süßes & Saures

Weich & knusprig

Nussige Schokokugeln mit Marshmallows

Für 15 Cakepops

1 dunkler Wiener Boden (400 g)

100 g Nussnougatcreme

110 g zimmerwarmer Doppelrahmfrischkäse

Für die Glasur

2 Pckg. Vollmilchkuchenglasur (à 100 g)

300 g Zartbitterkuvertüre

Für die Garnitur

30 g getrocknete Cranberrys

30 g Walnusskerne

20 g weiße Mini-Marshmallows

Außerdem

15 Cakepop-Stiele

Zubereitungszeit
ca. 2 Std. (plus Wartezeit)

1 | Den Kuchen in grobe Stücke schneiden und zerbröseln (siehe Seite 4). Nougatcreme und Frischkäse miteinander verrühren. Creme und Brösel erst mit einem Teigschaber, dann mit den Händen zu einer glatten Masse vermischen. Masse portionieren, mithilfe der Form zu Kugeln formen und kalt stellen (siehe Seite 4 & 5).

2 | Inzwischen die Glasur in einer Metallschüssel über einem warmen Wasserbad schmelzen lassen. Kuvertüre mit einem schweren Messer fein hacken und unter gelegentlichem Rühren in der Glasur auflösen (siehe Seite 9).

3 | Cranberrys mit einem schweren Messer grob hacken. Mit den Händen auflockern, damit sich die Stückchen voneinander trennen. Walnüsse grob hacken. Marshmallows mit einer Schere halbieren.

4 | Nacheinander erst die Stiele fingerbreit in die Glasur tauchen, dann sofort in eine Kuchenkugel stecken und kurz trocknen lassen. Die Kuchenlollis nacheinander in die Glasur tauchen, vollständig überziehen und kurz abtropfen lassen.

5 | Kugeln zum Abkühlen und Trocknen in einen Styroporblock o. Ä. stecken. Bevor die Glasur fest wird, mit Marshmallows, Cranberrys und Walnüssen verzieren.

Tipp *Die Walnüsse lassen sich auch durch andere Nüsse ersetzen. Lecker sind z. B. geröstete und gesalzene Macadamianuss- oder Cashewkerne.*

Würzige Chai-Tee-Kugeln und -Herzen

Für 15 Cakepops

1 Vanillekuchen
(siehe Seite 6 & 7)

Für die Kuchencreme

40 g zimmerwarme Butter

80 g zimmerwarmer Doppelrahmfrischkäse

50 g Puderzucker

2 Aufgussteebeutel »Sweet Chai« (à 2,2 g)

Für die Glasur

2 Pckg. Vanillekuchenglasur (à 100 g)

300 g weiße Kuvertüre

Für die Garnitur

100 g Vollmilchkuvertüre

Außerdem

15 Cakepop-Stiele

Einwegspritzbeutel

Backpapier

Zubereitungszeit
ca. 2 Std. (plus Wartezeit)

Winterwärme

1 | Den Kuchen in grobe Stücke schneiden und zerbröseln (siehe Seite 4). Butter in einer kleinen Schüssel mit den Quirlen des Handrührers schaumig rühren. Frischkäse kurz unterrühren, dann Puderzucker mit den Gewürzen aus den Teebeuteln mischen und untermengen. Creme und Brösel erst mit einem Teigschaber, dann mit den Händen zu einer glatten Masse vermischen. Masse portionieren, mithilfe der Formen zu Herzen und Kugeln formen und kalt stellen (siehe Seite 4 & 5).

2 | Inzwischen die Kuchenglasur in einer Metallschüssel über einem warmen Wasserbad schmelzen lassen. Kuvertüre mit einem schweren Messer fein hacken und unter gelegentlichem Rühren in der Glasur auflösen (siehe Seite 9). Nacheinander erst die Stiele fingerbreit in die Glasur tauchen, dann sofort in ein Kuchenstück stecken und kurz trocknen lassen.

3 | Vollmilchkuvertüre fein hacken, die Hälfte wie oben beschrieben schmelzen. Schüssel vom Wasserbad nehmen, restliche Kuvertüre unter Rühren darin auflösen. In einen Einwegspritzbeutel füllen.

4 | Kuchenlollis nacheinander in die Glasur tauchen, vollständig überziehen und kurz abtropfen lassen. Cakepops zum Abkühlen und Trocknen in einen Styroporblock o. Ä. stecken. Bevor die Glasur fest wird, die Spitze vom Spritzbeutel fein abschneiden. Kugeln mit Kuvertüre verzieren. Getrocknete Herzen auf Backpapier legen, Kuvertüre in diagonalen Streifen auf die Herzen spritzen und trocknen lassen. Herzen wenden und den Vorgang wiederholen.

Diese Cakepops finden Sie auf dem Cover (Mitte vorne) abgebildet.

Bunte Holunderblüten

1 | Den Kuchen in grobe Stücke schneiden und zerbröseln (siehe Seite 4). Frischkäse und Holunderblütensirup mit einem Schneebesen glatt rühren. Puderzucker darauf sieben und unterrühren. Creme und Brösel erst mit einem Teigschaber, dann mit den Händen zu einer glatten Masse vermischen. Masse portionieren, mithilfe der Form zu Blüten formen und kalt stellen (siehe Seite 4 & 5).

2 | Inzwischen die Glasur in einer Metallschüssel über einem warmen Wasserbad schmelzen lassen. Kuvertüre mit einem schweren Messer fein hacken und unter gelegentlichem Rühren in der Glasur auflösen (siehe Seite 9).

3 | Nacheinander erst die Stiele fingerbreit in die Glasur tauchen, dann sofort in eine Kuchenblüte stecken und kurz trocknen lassen. Die Kuchenlollis nacheinander in die Glasur tauchen, vollständig überziehen und kurz abtropfen lassen.

4 | Blüten zum Abkühlen und Trocknen in einen Styroporblock o. Ä. stecken. Bevor die Glasur fest wird, mit Schokolinsen und Zuckerperlen verzieren.

Diese Cakepops finden Sie auf dem Cover (rechts vorne und hinten) abgebildet.

Für 14 Cakepops

1 heller Wiener Boden (400 g)

Für die Kuchencreme

80 g zimmerwarmer Doppelrahmfrischkäse

4 EL Holunderblütensirup

Für die Glasur

2 Pckg. Vanillekuchenglasur (à 100 g)

300 g weiße Kuvertüre

Für die Garnitur

bunte Minischokolinsen

feine bunte Zuckerperlen

Außerdem

14 Cakepop-Stiele

Zubereitungszeit

ca. 1 Std. 45 Min. (plus Wartezeit)

Sommertrend

BEEINDRUCKEND ANDERS

Glücksbringende Kleeblatt-Cakepops

Für 18 Cakepops

1 Vanillekuchen (siehe Seite 6 & 7)

Für die Kuchencreme

100 g zimmerwarmer Doppelrahmfrischkäse

50 g Puderzucker

Für die Glasur

2 Pckg. Zitronenkuchenglasur (à 100 g)

300 g weiße Kuvertüre

blaue und gelbe Speisefarbe

Für die Garnitur

18 Zuckerpilze oder -käfer

Außerdem

Backpapier

Plätzchenausstecher Kleeblatt (Ø ca. 4,5 cm)

18 Cakepop-Stiele

Zubereitungszeit

ca. 1 Std. 30 Min. (plus Wartezeit)

1 | Den Kuchen in grobe Stücke schneiden und zerbröseln (siehe Seite 4). Frischkäse mit einem Schneebesen glatt rühren. Puderzucker darauf sieben und unterrühren. Creme und Brösel erst mit einem Teigschaber, dann mit den Händen zu einer glatten Masse vermischen.

2 | Masse auf Backpapier mit den Händen zu einer 2 Zentimeter dicken Fläche formen, Kleeblätter ausstechen und kalt stellen (siehe Seite 5). Restliche Masse zusammenkneten, formen, weitere Kleeblätter ausstechen, bis die Masse verbraucht ist, und kalt stellen.

3 | Inzwischen die Kuchenglasur in einer Metallschüssel über einem warmen Wasserbad schmelzen lassen. Kuvertüre mit einem schweren Messer fein hacken und unter gelegentlichem Rühren in der Glasur auflösen (siehe Seite 9). Mit den Speisefarben grün färben (siehe Seite 10).

4 | Nacheinander erst die Stiele fingerbreit in die Glasur tauchen, dann sofort in ein Kleeblatt stecken und kurz trocknen lassen. Die Kuchenlollis nacheinander in die Glasur tauchen, vollständig überziehen und kurz abtropfen lassen.

5 | Kuchenlollis zum Abkühlen und Trocknen in einen Styroporblock o. Ä. stecken. Bevor die Glasur fest wird, mit Zuckerpilzen oder -käfern verzieren.

Ein Stück vom Glück

Hinweis *Diese Cakepops brauchen eine längere Kühlung und sind empfindlicher als z. B. Kugeln. Daher die geformten Kleeblätter mindestens 2 Stunden kühlen und die Löcher für die Stiele vorbohren.*

Cappuccinokugeln mit Schokobohnen

1 | Den Kuchen in grobe Stücke schneiden und zerbröseln (siehe Seite 4). Butter in einer kleinen Schüssel mit den Quirlen des Handrührers schaumig rühren. Frischkäse kurz unterrühren. Espressopulver und Puderzucker mischen, darauf sieben und unterrühren. Creme und Brösel erst mit einem Teigschaber, dann mit den Händen zu einer glatten Masse vermischen. Masse portionieren, mithilfe der Form zu Kugeln formen und kalt stellen (siehe Seite 4 & 5).

2 | Inzwischen die Vollmilchkuchenglasur in einer Metallschüssel über einem warmen Wasserbad schmelzen lassen. Vollmilchkuvertüre mit einem schweren Messer fein hacken und unter gelegentlichem Rühren in der Glasur auflösen (siehe Seite 9).

3 | Eierpappe mit Frischhaltefolie auslegen. Kugeln zur Hälfte in die Glasur tauchen, kurz abtropfen lassen und die Kugeln mit der glasierten Seite nach oben in die Pappe legen. Stiele fingerbreit in die Glasur tauchen, sofort vorsichtig in die glasierte Seite von je 1 Kuchenkugel stecken. Kugeln trocknen lassen.

4 | Vanillekuchenglasur und weiße Kuvertüre wie in Schritt 2 schmelzen lassen. Unglasierte Seite der Kugeln in die Glasur tauchen und kurz abtropfen lassen. Kuchenlollis zum Abkühlen und Trocknen in einen Styroporblock o. Ä. stecken. Bevor die Glasur fest wird, jeweils mit etwas Espressopulver und 1 Schokomokkabohne verzieren.

Coffee to eat

Für 15 Cakepops

1 Vanillekuchen (siehe Seite 6 & 7)

Für die Kuchencreme

35 g weiche Butter

75 g zimmerwarmer Doppelrahmfrischkäse

3–4 TL lösliches Espressopulver

50 g Puderzucker

Für die Glasur

1 Pckg. Vollmilchkuchenglasur (100 g)

150 g Vollmilchkuvertüre

1 Pckg. Vanillekuchenglasur (100 g)

150 g weiße Kuvertüre

Für die Garnitur

1 TL lösliches Espressopulver

Schokomokkabohnen

Außerdem

große Eierpappe

Frischhaltefolie

15 Cakepop-Stiele

Zubereitungszeit

ca. 2 Std. (plus Wartezeit)

Fruchtige Jahrmarktsherzen am Stiel

Für 12 Cakepops

1 dunkler Wiener Boden (400 g)
80 g Kirschkonfitüre
2 EL Kirschwasser

Für die Glasur

2 Pckg. dunkle Schokoladenglasur (à 100 g)
300 g Vollmilchkuvertüre

Für die Garnitur

Zuckerdekorblüten
80 g weiße Kuvertüre

Außerdem

12 Cakepop-Stiele
Einwegspritzbeutel

Zubereitungszeit

ca. 2 Std. (plus Wartezeit)

1 | Den Kuchen in grobe Stücke schneiden und zerbröseln (siehe Seite 4). Konfitüre und Kirschwasser miteinander verrühren. Brösel erst mit einem Teigschaber, dann mit den Händen zu einer glatten Masse unterarbeiten. Masse portionieren, mithilfe der Form zu Herzen formen und kalt stellen (siehe Seite 4 & 5).

2 | Inzwischen die Kuchenglasur in einer Metallschüssel über einem warmen Wasserbad schmelzen lassen. Kuvertüre mit einem schweren Messer fein hacken und unter gelegentlichem Rühren in der Glasur auflösen (siehe Seite 9).

3 | Nacheinander erst die Stiele fingerbreit in die Glasur tauchen, dann sofort in ein Kuchenherz stecken und kurz trocknen lassen. Die Kuchenlollis nacheinander in die Glasur tauchen, vollständig überziehen und kurz abtropfen lassen. Cakepops zum Abkühlen und Trocknen in einen Styroporblock o. Ä. stecken. Bevor die Glasur fest wird, mit Zuckerdekorblüten verzieren.

4 | Weiße Kuvertüre wie oben beschrieben fein hacken und die Hälfte in einer Metallschüssel über einem warmen Wasserbad schmelzen. Schüssel vom Wasserbad nehmen, restliche Kuvertüre unter Rühren darin auflösen. In einen Einwegspritzbeutel füllen und die Spitze fein abschneiden. Als Girlande oder Schriftzug auf die Herzen spritzen und trocknen lassen. Herzen wenden und den Vorgang wiederholen.

Hinweis *Wenn die Herzen für Kinder bestimmt sind, bitte das Kirschwasser durch Orangensaft ersetzen.*

Herzensgruß

Marmorierte Krokant-Cakepops

Für 15 Cakepops

1 Vanillekuchen (siehe Seite 6 & 7)

Für die Kuchencreme

80 g zimmerwarmer Doppelrahmfrischkäse

20 g Puderzucker

40 g Haselnusskrokant

Für die Glasur

2 Pckg. Vollmilchkuchenglasur (à 100 g)

300 g Zartbitterkuvertüre

100 g weiße Kuvertüre

Außerdem

15 Cakepop-Stiele

Zubereitungszeit

ca. 1 Std. 45 Min. (plus Wartezeit)

Edel & lecker

1 | Den Kuchen in grobe Stücke schneiden und zerbröseln (siehe Seite 4). Frischkäse mit einem Schneebesen glatt rühren. Puderzucker und Krokant unterrühren. Creme und Brösel erst mit einem Teigschaber, dann mit den Händen zu einer glatten Masse vermischen. Masse portionieren, mithilfe der Form zu Kugeln formen und kalt stellen (siehe Seite 4 & 5).

2 | Inzwischen die Kuchenglasur in einer Metallschüssel über einem warmen Wasserbad schmelzen lassen. Zartbitterkuvertüre mit einem schweren Messer fein hacken und unter gelegentlichem Rühren in der Glasur auflösen (siehe Seite 9). Weiße Kuvertüre ebenso hacken und in einer 2. Metallschüssel über einem weiteren warmen Wasserbad schmelzen.

3 | Nacheinander erst die Stiele fingerbreit in die Glasur tauchen, dann sofort in eine Kuchenkugel stecken und kurz trocknen lassen. Kuchenlollis nacheinander in die Glasur tauchen, vollständig überziehen und kurz abtropfen lassen.

4 | Über einer Schüssel mit einem Teelöffel etwas weiße Kuvertüre auftropfen. Cakepops langsam drehen, damit ein Marmormuster entsteht. Cakepops zum Abkühlen und Trocknen in einen Styroporblock o. Ä. stecken.

Tipp *Für helle Marmor-Cakepops können Sie Vanillekuchenglasur und weiße Kuvertüre verwenden und mit Vollmilch- oder Zartbitterkuvertüre marmorieren.*

Diese Cakepops finden Sie auf Seite 2 (links und hinten) abgebildet.

Blumen-Cakepops mit Pistazienfüllung

1 | Den Kuchen in grobe Stücke schneiden und zerbröseln (siehe Seite 4). Die Butter in einer kleinen Schüssel mit den Quirlen des Handrührers schaumig rühren. Frischkäse kurz unterrühren, den Puderzucker darauf sieben und untermengen. Creme und Brösel erst mit einem Teigschaber, dann mit den Händen zu einer glatten Masse vermischen. Masse portionieren, mithilfe der Form zu Kugeln formen und kalt stellen (siehe Seite 4 & 5).

2 | Inzwischen die Kuchenglasur in einer Metallschüssel über einem warmen Wasserbad schmelzen lassen. Beide Kuvertüren mit einem schweren Messer fein hacken und unter gelegentlichem Rühren in der Glasur auflösen (siehe Seite 9). Orangenöl sorgfältig unterrühren.

3 | Nacheinander erst die Stiele fingerbreit in die Glasur tauchen, dann sofort in eine Kuchenkugel stecken und kurz trocknen lassen. Die Kuchenlollis nacheinander in die Glasur tauchen, vollständig überziehen und kurz abtropfen lassen.

4 | Kuchenlollis zum Abkühlen und Trocknen in einen Styroporblock o. Ä. stecken und sofort mit je 1 oder mehreren Dekorblüten verzieren. Nach dem Trocknen jeweils 1 kleine Schleife unter die Kuchenkugel binden.

Diese Cakepops finden Sie auf Seite 38 abgebildet.

Für 16 Cakepops

1 Pistazienkuchen
(siehe Seite 6 & 7)

Für die Kuchencreme

35 g weiche Butter

75 g zimmerwarmer Doppelrahmfrischkäse

50 g Puderzucker

Für die Glasur

2 Pckg. Vollmilchkuchenglasur (à 100 g)

200 g Vollmilchkuvertüre

100 g Zartbitterkuvertüre

4 Tropfen naturreines Orangenöl (aus der Apotheke)

Für die Garnitur

2 Pckg. Dekorblüten (à 12 Stck.)

Außerdem

16 Cakepop-Stiele

Schleifenband

Zubereitungszeit

ca. 1 Std. 30 Min. (plus Wartezeit)

Nussig-blumig

Hallo Frühling!

Mandel-Cakepops mit bunten Schmetterlingen

1 | Den Kuchen in grobe Stücke schneiden und zerbröseln (siehe Seite 4). Frischkäse mit einem Schneebesen glatt rühren. Puderzucker darauf sieben und unterrühren. Creme und Brösel erst mit einem Teigschaber, dann mit den Händen zu einer glatten Masse vermischen. Masse portionieren, mithilfe der Form zu Kugeln formen und kalt stellen (siehe Seite 4 & 5).

2 | Inzwischen das Marzipan in einem aufgeschnittenen Gefrierbeutel etwa 2 Millimeter dünn ausrollen. Obere Folie abziehen, Schmetterlinge ausstechen und locker mit Folie abdecken.

3 | Kuchenglasur in einer Metallschüssel über einem warmen Wasserbad schmelzen lassen. Kuvertüre mit einem schweren Messer fein hacken und unter gelegentlichem Rühren in der Glasur auflösen (siehe Seite 9).

4 | Nacheinander erst die Stiele fingerbreit in die Glasur tauchen, dann sofort in eine Kuchenkugel stecken und kurz trocknen lassen. Kuchenlollis nacheinander in die Glasur tauchen, vollständig überziehen und kurz abtropfen lassen.

5 | Kugeln zum Abkühlen und Trocknen in einen Styroporblock o. Ä. stecken. Bevor die Glasur fest wird, mit je 1 oder mehreren Schmetterlingen verzieren. Nach dem Trocknen Manschetten unter die Cakepops schieben.

Für 16 Cakepops

1 Mandelkuchen
(siehe Seite 6 & 7)

Für die Kuchencreme

100 g Doppelrahmfrischkäse

50 g Puderzucker

Für die Glasur

2 Pckg. Vollmilchkuchenglasur
(à 100 g)

300 g Vollmilchkuvertüre

Für die Garnitur

1 Pckg. buntes Figurenmarzipan

Außerdem

Gefrierbeutel

Plätzchenausstecher Schmetterling
(Ø ca. 4 cm)

16 Cakepop-Stiele

Pralinenpapiermanschetten

Zubereitungszeit
ca. 1 Std. 45 Min. (plus Wartezeit)

Cakepops mit Marzipankartoffelfüllung

Für 20 Cakepops

1 Vanillekuchen (siehe Seite 6 & 7)

20 Marzipankartoffeln

Für die Kuchencreme

100 g zimmerwarmer Doppelrahmfrischkäse

50 g Puderzucker

Für die Glasur

2 Pckg. Vollmilchkuchenglasur (à 100 g)

300 g Zartbitterkuvertüre

Für die Garnitur

50 g Amarettini

Außerdem

Gefrierbeutel

20 Cakepop-Stiele

Zubereitungszeit

ca. 2 Std. (plus Wartezeit)

1 | Den Kuchen in grobe Stücke schneiden und zerbröseln (siehe Seite 4). Frischkäse mit einem Schneebesen glatt rühren. Puderzucker darauf sieben und unterrühren. Creme und Brösel erst mit einem Teigschaber, dann mit den Händen zu einer glatten Masse vermischen. Masse in 20 Portionen teilen. Je 1 Marzipankartoffel mit einer Teigportion umhüllen und mithilfe der Form zu einer Kugel formen. Kugeln kalt stellen (siehe Seite 4 & 5).

2 | Inzwischen die Kuchenglasur in einer Metallschüssel über einem warmen Wasserbad schmelzen lassen. Kuvertüre mit einem schweren Messer fein hacken und unter gelegentlichem Rühren in der Glasur auflösen (siehe Seite 9). Amarettini in einem Gefrierbeutel mit einem Nudelholz grob zerstoßen, in ein grobes Sieb geben und die feinen Bestandteile damit abtrennen. Keksstückchen in eine kleine Schale geben.

3 | Nacheinander erst die Stiele fingerbreit in die Glasur tauchen, dann sofort in eine Kuchenkugel stecken und kurz trocknen lassen. Die Kuchenlollis nacheinander in die Glasur tauchen, vollständig überziehen und kurz abtropfen lassen.

4 | Kugeln zum Abkühlen und Trocknen in einen Styroporblock o. Ä. stecken. Bevor die Glasur fest wird, die Kuchenlollis rundum vorsichtig in die Amarettinistückchen drücken.

Variante *Statt Marzipankartoffeln können Sie Ingwermarzipan verwenden: 50 Gramm kandierten Ingwer fein hacken, mit 150 Gramm Marzipanrohmasse verkneten und zu 20 kleinen Kugeln formen.*

Marzipan satt

Alles Gute!

Schoko-Cakepops mit Herzen und Kerzen

1 | Den Kuchen in grobe Stücke schneiden und zerbröseln (siehe Seite 4). Die Butter in einer kleinen Schüssel mit den Quirlen des Handrührers schaumig rühren. Frischkäse kurz unterrühren, Puderzucker darauf sieben und unterrühren. Creme und Brösel erst mit einem Teigschaber, dann mit den Händen zu einer glatten Masse vermischen. Masse portionieren, mithilfe der Form zu Kugeln formen und so auf die Arbeitsfläche drücken, dass ein ebener Fuß entsteht. Kugeln kalt stellen (siehe Seite 4 & 5).

2 | Inzwischen die Kuchenglasur in einer Metallschüssel über einem warmen Wasserbad schmelzen lassen. Kuvertüre mit einem schweren Messer fein hacken und unter gelegentlichem Rühren in der Glasur auflösen (siehe Seite 9).

3 | Die Kerzen nacheinander erst fingerbreit in die Glasur tauchen, dann sofort oben in eine Kuchenkugel stecken und kurz trocknen lassen. Kuchenkugeln mithilfe der Kerze Stück für Stück in die Glasur tauchen, vollständig überziehen und kurz abtropfen lassen.

4 | Kugeln zum Abkühlen und Trocknen auf ein mit Backpapier ausgelegtes Blech setzen. Bevor die Glasur fest wird, die Kugeln mit Herzen verzieren.

Tipp *Geburtstagskuchen mal anders: Es sieht toll aus, wenn man die Cakepops auf einer Kuchenplatte mit brennenden Kerzen präsentiert.*

Für 15 Cakepops

1 Schokokuchen
(siehe Seite 6 & 7)

Für die Kuchencreme

35 g weiche Butter

75 g zimmerwarmer Doppelrahmfrischkäse

50 g Puderzucker

Für die Glasur

2 Pckg. Vollmilchkuchenglasur (à 100 g)

300 g Vollmilchkuvertüre

Für die Garnitur

rosa, rote und/oder weiße Streudekorherzen

Außerdem

15 Minikerzen (ohne Halter!)

Backpapier

Zubereitungszeit

ca. 1 Std. 45 Min. (plus Wartezeit)

Geschmückte Weihnachtsbaum-Cakepops

Für 18 Cakepops

1 Vanillekuchen (siehe Seite 6 & 7)

Für die Kuchencreme

100 g zimmerwarmer Doppelrahmfrischkäse

50 g Puderzucker

1 TL Zimtpulver

Für die Glasur

2 Pckg. Vanillekuchenglasur (à 100 g)

300 g weiße Kuvertüre

blaue und gelbe Speisefarbe (siehe Seite 10)

Für die Garnitur

Streudekorsterne

Streudekorkügelchen in Pink, Silber, Gold

Außerdem

Backpapier

Plätzchenausstecher Tannenbaum (ca. 5 cm lang)

18 Cakepop-Stiele

Zubereitungszeit

ca. 2 Std. (plus Wartezeit)

1 | Kuchen in grobe Stücke schneiden und zerbröseln (siehe Seite 4). Frischkäse mit einem Schneebesen glatt rühren. Puderzucker und Zimt mischen, darauf sieben und unterrühren. Creme und Brösel erst mit einem Teigschaber, dann mit den Händen zu einer glatten Masse vermischen.

2 | Masse auf Backpapier mit den Händen zu einer ca. 2 Zentimeter dicken Fläche formen, Tannenbäume ausstechen und kalt stellen (siehe Seite 4 & 5). Restliche Masse zusammenkneten, formen, weitere Bäume ausstechen, bis die Masse verbraucht ist, und kalt stellen (bitte Hinweis auf Seite 32 beachten).

3 | Inzwischen die Kuchenglasur in einer Metallschüssel über einem warmen Wasserbad schmelzen lassen. Kuvertüre mit einem schweren Messer fein hacken und unter gelegentlichem Rühren in der Glasur auflösen (siehe Seite 9). Nach Belieben mit Speisefarben grün färben. Nacheinander erst die Stiele fingerbreit in die Glasur tauchen, dann sofort in einen Tannenbaum stecken und kurz trocknen lassen. Die Kuchenlollis nacheinander in die Glasur tauchen, vollständig überziehen und kurz abtropfen lassen.

4 | Cakepops zum Abkühlen und Trocknen in einen Styroporblock o. Ä. stecken. Bevor die Glasur fest wird, mit Sternen und Kügelchen verzieren.

Variante *Für Schnee: 2 gehäufte Esslöffel Kokosraspel im Blitzhacker zerkleinern und auf die Tannenbäume streuen, bevor die Glasur fest wird.*

Oh du Fröhliche!

Nikolausstiefel-Cakepops

Ho ho ho!

Für 16 Cakepops

1 Schokokuchen (siehe Seite 6 & 7)

Für die Kuchencreme

100 g zimmerwarmer Doppelrahmfrischkäse

50 g Puderzucker

1 TL Lebkuchengewürzpulver

Für die Glasur

2 Pckg. Vanillekuchenglasur (à 100 g)

300 g weiße Kuvertüre

rote Speisefarbe (siehe Seite 10)

Für die Garnitur

ca. 30 g weiße Raspelschokolade

Streudekor »Tannenbäume«

Außerdem

Backpapier

Plätzchenausstecher Stiefel (ca. 6 cm lang)

Gefrierbeutel

16 Cakepop-Stiele

Zubereitungszeit

ca. 2 Std. (plus Wartezeit)

1 | Den Kuchen in grobe Stücke schneiden und zerbröseln (siehe Seite 4). Frischkäse mit einem Schneebesen glatt rühren. Puderzucker und Lebkuchengewürz mischen, darauf sieben und unterrühren. Creme und Brösel erst mit einem Teigschaber, dann mit den Händen zu einer glatten Masse vermischen.

2 | Masse auf Backpapier mit den Händen zu einer 2 Zentimeter dicken Fläche formen, Stiefel ausstechen und kalt stellen (siehe Seite 4 & 5). Restliche Masse zusammenkneten, formen, weitere Stiefel ausstechen, bis die Masse verbraucht ist, und kalt stellen (bitte Hinweis auf Seite 32 beachten).

3 | Inzwischen die Kuchenglasur in einer Metallschüssel über einem warmen Wasserbad schmelzen lassen. Kuvertüre mit einem schweren Messer fein hacken und unter gelegentlichem Rühren in der Glasur auflösen (siehe Seite 9). Mit Speisefarbe kräftig rot färben. Raspelschokolade in einem Gefrierbeutel etwas zerkleinern.

4 | Nacheinander erst die Stiele fingerbreit in die Glasur tauchen, dann sofort in einen Stiefel stecken und kurz trocknen lassen. Kuchenlollis nacheinander in die Glasur tauchen, vollständig überziehen und kurz abtropfen lassen.

5 | Kuchenlollis zum Abkühlen und Trocknen in einen Styroporblock o. Ä. stecken. Bevor die Glasur fest wird, am Stiefelschaft rundum mit Raspelschokolade und Tannenbäumen verzieren.

Diese Cakepops finden Sie auf Seite 45 abgebildet.

Blüten-Cakepops mit schwarzweißer Amarettofüllung

1 | Die Kuchen getrennt voneinander in grobe Stücke schneiden und zerbröseln (siehe Seite 4). Frischkäse und Amaretto mit einem Schneebesen glatt rühren. Puderzucker darauf sieben und unterrühren. Kuchencreme in 2 Portionen teilen. Je 1 Portion mit einer Sorte der Kuchenbrösel erst mit einem Teigschaber, dann mit den Händen zu einer glatten Masse vermischen. Massen portionieren, mit den Händen zusammendrücken und mithilfe der Form zu Blüten formen und kalt stellen (siehe Seite 4 & 5).

2 | Inzwischen die Kuchenglasur in einer Metallschüssel über einem warmen Wasserbad schmelzen lassen. Kuvertüre mit einem schweren Messer fein hacken und unter gelegentlichem Rühren in der Glasur auflösen (siehe Seite 9).

3 | Nacheinander erst die Stiele fingerbreit in die Glasur tauchen, dann sofort in eine Kuchenblüte stecken und kurz trocknen lassen. Kuchenlollis nacheinander in die Glasur tauchen, vollständig überziehen und kurz abtropfen lassen.

4 | Blüten zum Abkühlen und Trocknen in einen Styroporblock o. Ä. stecken. Bevor die Glasur fest wird, mit Buchstaben bunt verzieren.

Hinweis *Wenn die Cakepops für Kinder bestimmt sind, bitte den Amaretto durch Orangensaft ersetzen.*

Diese Cakepops finden Sie auf Seite 2 (rechts und hinten) abgebildet.

Für 15 Cakepops

1/2 Vanillekuchen (siehe Seite 6 & 7; 225 g)

1/2 Schokokuchen (siehe Seite 6 & 7; 225 g)

Für die Kuchencreme

100 g zimmerwarmer Doppelrahmfrischkäse

2 EL Amaretto

50 g Puderzucker

Für die Glasur

2 Pckg. dunkle Schokoladenglasur (à 100 g)

300 g Vollmilchkuvertüre

Für die Garnitur

bunte Zuckerstreudekorbuchstaben

Außerdem

15 Cakepop-Stiele

Zubereitungszeit

ca. 1 Std. 45 Min. (plus Wartezeit)

Blumengruß

ÜBERRASCHEND SCHÖN

Zitronenhähnchen & Orangenhühnchen

Für 20 Cakepops

1 Vanillekuchen (siehe Seite 6 & 7)

Für die Kuchencreme

100 g zimmerwarmer Doppelrahmfrischkäse

50 g Puderzucker

2 TL fein abgeriebene Biozitronenschale

2 TL fein abgeriebene Bioorangenschale

Für die Glasur

2 Pckg. Zitronenglasur (à 100 g)

300 g weiße Kuvertüre

gelbe und rote Speisefarbe (siehe Seite 10)

Für die Garnitur

ca. 40 Backoblaten (Ø 40 mm)

bunte Crispies oder Liebesperlen

rote und bunte Dekorherzen

gelbe Mimosen

Außerdem

20 Cakepop-Stiele

Zubereitungszeit

ca. 2 Std. (plus Wartezeit)

1 | Den Kuchen in grobe Stücke schneiden, zerbröseln (siehe Seite 4) und in 2 Portionen teilen. Frischkäse mit einem Schneebesen glatt rühren. Puderzucker darauf sieben und unterrühren. Creme ebenfalls in 2 Portionen teilen. 1 Portion mit Zitronenschale aromatisieren. Mit 1 Portion Brösel erst mit einem Teigschaber, dann mit den Händen zu einer glatten Masse vermischen. Restliche Creme mit Orangenschale aromatisieren und ebenso mit Bröseln mischen. Masse in 20 Portionen à 30 Gramm teilen. Mit den Händen zu Kugeln rollen und kalt stellen (siehe Seite 4 & 5).

2 | Inzwischen mit einer Küchenschere aus den Oblaten Flügelchen schneiden. Kuchenglasur in einer Metallschüssel über einem warmen Wasserbad schmelzen lassen. Kuvertüre mit einem schweren Messer fein hacken, unter gelegentlichem Rühren in der Glasur auflösen (siehe Seite 9). Nacheinander erst die Stiele fingerbreit in die Glasur tauchen, dann sofort in eine Kuchenkugel stecken und kurz kalt stellen.

3 | Glasur mit Speisefarbe kräftig gelb färben. 2 Zitronenkuchenlollis nacheinander in die Glasur tauchen, vollständig überziehen und kurz abtropfen lassen. Kugeln zum Abkühlen und Trocknen in einen Styroporblock o. Ä. stecken. Bevor die Glasur fest wird, Crispies als Augen, rote Herzen als Schnabel, bunte Herzen leicht versetzt als Kamm, Mimosen als Füße und die Flügel ansetzen. Restliche Zitronenlollis ebenso verzieren.

4 | Übrige Glasur mit roter Speisefarbe orange einfärben und die Orangenkuchenlollis ebenso verzieren.

Diese Cakepops finden Sie auf Seite 48 abgebildet.

Aus eins mach zwei

Rentier-Cakepops

Santas Helfer

1 | Den Kuchen in grobe Stücke schneiden und zerbröseln (siehe Seite 4). Butter in einer kleinen Schüssel mit den Quirlen des Handrührers schaumig rühren. Frischkäse kurz unterrühren. Puderzucker und Lebkuchengewürz mischen, darauf sieben und unterrühren. Creme und Brösel erst mit einem Teigschaber, dann mit den Händen zu einer glatten Masse vermischen. Masse in 20 Portionen à 30 Gramm teilen. Mit den Händen zu Kugeln rollen und kalt stellen (siehe Seite 4 & 5).

2 | Inzwischen die Kuchenglasur in einer Metallschüssel über einem warmen Wasserbad schmelzen lassen. Kuvertüren mit einem schweren Messer fein hacken und unter gelegentlichem Rühren in der Glasur auflösen (siehe Seite 9). Für das Rentiergeweih vorsichtig den Mittelteil aus den Brezeln herausbrechen.

3 | Nacheinander erst die Stiele fingerbreit in die Glasur tauchen, dann sofort in eine Kuchenkugel stecken und kurz trocknen lassen. Jetzt portionsweise arbeiten: Je 2 Kuchenlollis nacheinander in die Glasur tauchen, vollständig überziehen und kurz abtropfen lassen.

4 | Kugeln zum Abkühlen und Trocknen in einen Styroporblock o. Ä. stecken. Bevor die Glasur fest wird, das Geweih in die Kugeln stecken und eine Schokolinse als Nase auf die Kugel drücken. Crispies oder Sterne als Augen auf die Kugeln setzen; nach Belieben Pupillen aus Glasur auftupfen. Restliche Kuchenlollis ebenso verzieren.

Diese Cakepops finden Sie auf Seite 49 abgebildet.

Für 20 Cakepops

1 Schokokuchen (siehe Seite 6 & 7)

Für die Kuchencreme

35 g weiche Butter

75 g zimmerwarmer Doppelrahmfrischkäse

50 g Puderzucker

1 TL Lebkuchengewürz

Für die Glasur

2 Pckg. Vollmilchkuchenglasur (à 100 g)

200 g Vollmilchkuvertüre

100 g Zartbitterkuvertüre

Für die Garnitur

Minisalzbrezeln

kleine rote Schokolinsen

blaue oder grüne Crispies und/oder Zuckerstreudekorsterne

Außerdem

20 Cakepop-Stiele

Zubereitungszeit

ca. 2 Std. (plus Wartezeit)

Bunte Mandelostereier am Stiel

Für 20 Cakepops

1 Mandelkuchen (siehe Seite 6 & 7)

Für die Kuchencreme

100 g zimmerwarmer Doppelrahmfrischkäse

50 g Puderzucker

Für die Glasur

2 Pckg. Vollmilchkuchenglasur (à 100 g)

300 g Vollmilchkuvertüre

Für die Garnitur

Streudekorkonfetti oder bunte Zuckerperlen oder bunte Zuckerdekorherzen

Außerdem

20 Cakepop-Stiele

Backpapier

Zubereitungszeit

ca. 2 Std. (plus Wartezeit)

1 | Den Kuchen in grobe Stücke schneiden und zerbröseln (siehe Seite 4). Frischkäse mit einem Schneebesen glatt rühren. Puderzucker darauf sieben und unterrühren. Creme und Brösel erst mit einem Teigschaber, dann mit den Händen zu einer glatten Masse vermischen. Masse in 20 Portionen à 30 Gramm teilen und mit den Händen zu Eiern formen. Mit dem stumpfen Ende so auf die Arbeitsfläche drücken, dass ein ebener Fuß entsteht. Eier kalt stellen (siehe Seite 4 & 5).

2 | Inzwischen die Kuchenglasur in einer Metallschüssel über einem warmen Wasserbad schmelzen lassen. Kuvertüre mit einem schweren Messer fein hacken und unter gelegentlichem Rühren in der Glasur auflösen (siehe Seite 9).

3 | Nacheinander erst die Stiele fingerbreit in die Glasur tauchen, dann sofort in das spitze Ende eines Kucheneis stecken und kurz trocknen lassen. Kuchenlollis nacheinander in die Glasur tauchen, vollständig überziehen und kurz abtropfen lassen.

4 | Kucheneier zum Abkühlen und Trocknen auf ein mit Backpapier ausgelegtes Blech setzen. Bevor die Glasur fest wird, nach Belieben bunt verzieren.

Tipp *Nach dem vollständigen Trocknen können Sie nach Belieben jeweils 1 Stück Schleifenband über die Kucheneier binden.*

Ei, ei, ei ...

Heißgeliebt

Kein-Eis-Cakepops mit Schirmchen

1 | Den Kuchen in grobe Stücke schneiden und zerbröseln (siehe Seite 4). Die Butter in einer kleinen Schüssel mit den Quirlen des Handrührers schaumig rühren. Frischkäse kurz unterrühren, Puderzucker darauf sieben und unterrühren. Creme und Brösel erst mit einem Teigschaber, dann mit den Händen zu einer glatten Masse vermischen. Masse portionieren, mithilfe der Form zu Kugeln formen und kalt stellen (siehe Seite 4 & 5).

2 | Inzwischen die Kuchenglasur nach Packungsanweisung schmelzen lassen.

3 | Nacheinander erst die Spieße fingerbreit in die Glasur tauchen, dann sofort in eine Kuchenkugel stecken und kurz trocknen lassen. Kuchenlollis nacheinander in die Glasur tauchen, vollständig überziehen und kurz abtropfen lassen. Zum Abkühlen und Trocknen in einen Styroporblock o. Ä. stecken.

4 | Kuchenlollis noch mal mit Glasur überziehen und kurz abtropfen lassen. Sofort kopfüber in einen Waffelbecher stürzen. Den Spieß herausziehen, dabei die Kuchenkugel mithilfe einer Gabel festhalten und leicht in den Becher drücken.

5 | Weiße Kuvertüre mit einem schweren Messer fein hacken; die Hälfte in einer Metallschüssel über einem warmen Wasserbad schmelzen. Schüssel vom Wasserbad nehmen, restliche Kuvertüre unter Rühren darin auflösen. Mit einem kleinen Löffel je 1 Klecks Kuvertüre auf die Kuchenkugeln geben und verlaufen lassen. Mit Pistazien bestreut trocknen lassen und mit Schirmchen dekorieren.

Für 16 Cakepops

1 Pistazienkuchen
(siehe Seite 6 & 7)

Für die Kuchencreme

35 g weiche Butter

75 g zimmerwarmer Doppelrahmfrischkäse

50 g Puderzucker

Für die Glasur

4 Pckg. Himbeerkuchenglasur (à 100 g)

Für die Garnitur

80 g weiße Kuvertüre

ca. 15 g gehackte Pistazien

Außerdem

16 Holzspieße

16 kleine Waffelbecher

16 Eisschirmchen

Zubereitungszeit

ca. 1 Std. 40 Min. (plus Wartezeit)

Schneemann-Cakepops

Für 15 Cakepops

1 Schokokuchen (siehe Seite 6 & 7)

Für die Kuchencreme

35 g weiche Butter

75 g zimmerwarmer Doppelrahmfrischkäse

50 g Puderzucker

Für die Glasur

2 Pckg. Vanillekuchenglasur (à 100 g)

300 g weiße Kuvertüre

Für die Garnitur

Minisalzsticks

rosa Liebesperlen (soft)

Schoko-Streuselmix-Kugeln und/oder bunte Zuckerdekorherzen

bunte Fruchtschnecken

Außerdem

15 Cakepop-Stiele

Zubereitungszeit

ca. 2 Std. (plus Wartezeit)

1 | Den Kuchen in grobe Stücke schneiden und zerbröseln (siehe Seite 4). Butter in einer kleinen Schüssel mit den Quirlen des Handrührers schaumig rühren. Frischkäse kurz unterrühren. Puderzucker darauf sieben und unterrühren. Creme und Brösel erst mit einem Teigschaber, dann mit den Händen zu einer glatten Masse vermischen. Masse in 15 Portionen à 40 Gramm teilen. Jede Portion mit den Händen zu einer großen (3/4 der Masse) und einer kleinen Kugel (1/4 der Masse) formen. Kugeln kalt stellen (siehe Seite 5).

2 | Inzwischen Glasur nach Packungsanweisung schmelzen lassen. Kuvertüre mit einem schweren Messer fein hacken und unter gelegentlichem Rühren in der Glasur auflösen (siehe Seite 9).

3 | Kleine Kugeln mit etwas Glasur bestreichen, auf den großen Kugeln befestigen und kurz trocknen lassen. Nacheinander erst die Stiele fingerbreit in die Glasur tauchen, dann sofort in eine große Kuchenkugel stecken und kurz trocknen lassen. Jetzt portionsweise arbeiten: Je 2 Kuchenlollis nacheinander in die Glasur tauchen, vollständig überziehen und kurz abtropfen lassen. Zum Abkühlen und Trocknen in einen Styroporblock o. Ä. stecken.

4 | Bevor die Glasur fest wird, Salzsticks als Arme und Liebesperlen als Nasen anbringen. Augen und Mund aus Schokokugeln, Knöpfe aus Schokokugeln oder Herzen andrücken. Fruchtschnecken abwickeln, in Stücke schneiden und nach Belieben als Mützen mit Liebesperlen als Bommeln anbringen. Restliche Kuchenlollis ebenso verzieren. Nach dem Trocknen jedem Schneemann einen Fruchtschneckenschal umbinden.

Winterwonnen

Schafe Lollis

Popcornschäfchen

1 | Den Kuchen in grobe Stücke schneiden und zerbröseln (siehe Seite 4). Butter in einer kleinen Schüssel mit den Quirlen des Handrührers schaumig rühren. Frischkäse kurz unterrühren. Puderzucker darauf sieben und unterrühren. Creme und Brösel erst mit einem Teigschaber, dann mit den Händen zu einer glatten Masse vermischen. Masse in 20 Portionen à 30 Gramm teilen. Mit den Händen zu Kugeln rollen und kalt stellen (siehe Seite 4 & 5).

2 | Inzwischen das Popcorn nach Packungsanweisung zubereiten und abkühlen lassen. Salzsticks vorsichtig in der Mitte durchbrechen. Kuchenglasur in einer Metallschüssel über einem warmen Wasserbad schmelzen lassen. Kuvertüre mit einem schweren Messer fein hacken und unter gelegentlichem Rühren in der Glasur auflösen (siehe Seite 9).

3 | Nacheinander erst die Stiele fingerbreit in die Glasur tauchen, dann sofort in eine Kuchenkugel stecken und kurz trocknen lassen. Jetzt portionsweise arbeiten: Je 2 Kuchenlollis nacheinander in die Glasur tauchen, vollständig überziehen und kurz abtropfen lassen.

4 | Kuchenlollis zum Abkühlen und Trocknen in einen Styroporblock o. Ä. stecken. Bevor die Glasur fest wird, Schokokugeln als Augen und Herzen als Nase/Maul auf die Kugeln setzen. Popcorn als Wolle rundum auf die Glasur drücken. Je 4 Salzsticks als Beine schräg in die Kugelunterseite stecken. Restliche Kuchenlollis ebenso verzieren.

Varianre *Für schwarze Schafe stellen Sie einfach eine dunkle Glasur her.*

Für 20 Cakepops

1 Haselnusskuchen
(siehe Seite 6 & 7)

Für die Kuchencreme

35 g weiche Butter

75 g zimmerwarmer
Doppelrahmfrischkäse

50 g Puderzucker

Für die Glasur

2 Pckg. Vanillekuchenglasur
(à 100 g)

300 g weiße Kuvertüre

Für die Garnitur

75 g Popcornmais

dunkle Schoko-Streuselmix-Kugeln

rosa Zuckerdekor- oder
Minischokoherzen

Minisalzsticks

Außerdem

20 Cakepop-Stiele

Zubereitungszeit
ca. 2 Std. (plus Wartezeit)

Schweinchen-Cakepops mit Himbeerfüllung

Für 20 Cakepops

1 Vanillekuchen
(siehe Seite 6 & 7)

Für die Kuchencreme

100 g zimmerwarmer Doppelrahmfrischkäse

80 g Himbeerkonfitüre

Für die Glasur

3 Pckg. Himbeerkuchenglasur (à 100 g)

200 g weiße Kuvertüre

Für die Garnitur

ca. 25 geschälte Mandeln

rote Fruchtgummischnüre

Minischokoherzen

20 Pfefferminzdragees

rosa Mimosen

Außerdem

20 Cakepop-Stiele

Zubereitungszeit

ca. 2 Std. (plus Wartezeit)

1 | Den Kuchen in grobe Stücke schneiden und zerbröseln (siehe Seite 4). Frischkäse und Himbeerkonfitüre mit einem Schneebesen glatt rühren. Creme und Brösel erst mit einem Teigschaber, dann mit den Händen zu einer glatten Masse vermischen. Masse in 20 Portionen à 30 Gramm teilen. Mit den Händen zu Kugeln rollen und kalt stellen (siehe Seite 4 & 5).

2 | Inzwischen die Kuchenglasur nach Packungsanweisung schmelzen lassen. Kuvertüre mit einem schweren Messer fein hacken und unter gelegentlichem Rühren in der Glasur auflösen (siehe Seite 9). Mandeln vorsichtig spalten. Fruchtgummischnüre in ca. 3 Zentimeter lange Stücke schneiden.

3 | Nacheinander je 2 Mandelhälften als Ohren erst in die Glasur tauchen und in die Kuchenkugeln stecken. Dann die Stiele fingerbreit in die Glasur tauchen, sofort in eine Kugel stecken und kurz trocknen lassen. Kuchenlollis vollständig überziehen und kurz abtropfen lassen.

4 | Kugeln zum Abkühlen und Trocknen in einen Styroporblock o. Ä. stecken. Bevor die Glasur fest wird, Herzen als Augen, Pfefferminzdragees als Nasen und je 4 Mimosen als Füße anbringen. Auf der Rückseite mit einem Hölzchen ein kleines Loch bohren und je 1 Stück Fruchtgummischnur als Schwänzchen hineinstecken.

Tipp *Nach Belieben können Sie dunkle und helle Streudekorkügelchen vorsichtig mit etwas Glasur als Pupillen und Nasenlöcher anbringen.*

Viel Glück!

Kokos-Naschkätzchen am Stiel

Für 20 Cakepops

1 Vanillekuchen (siehe Seite 6 & 7)

Für die Kuchencreme

35 g weiche Butter

75 g zimmerwarmer Doppelrahmfrischkäse

2 TL fein abgeriebene Biozitronenschale

50 g Puderzucker

Für die Glasur

2 Pckg. Zitronenkuchenglasur (à 100 g)

300 g weiße Kuvertüre

Für die Garnitur

ca. 25 geschälte Mandeln

100 g Kokosraspel

grüne und /oder blaue Crispies oder Liebesperlen

rote Zuckerdekorherzen

Außerdem

20 Cakepop-Stiele

Zubereitungszeit

ca. 1 Std. 45 Min. (plus Wartezeit)

1 | Den Kuchen in grobe Stücke schneiden und zerbröseln (siehe Seite 4). Butter in einer kleinen Schüssel mit den Quirlen des Handrührers schaumig rühren. Frischkäse und Zitronenschale kurz unterrühren. Puderzucker darauf sieben und unterrühren. Creme und Brösel erst mit einem Teigschaber, dann mit den Händen zu einer glatten Masse vermischen. Masse in 20 Portionen à 30 Gramm teilen. Mit den Händen zu Kugeln rollen und kalt stellen (siehe Seite 4 & 5).

2 | Inzwischen die Kuchenglasur in einer Metallschüssel über einem warmen Wasserbad schmelzen lassen. Kuvertüre mit einem schweren Messer fein hacken und unter gelegentlichem Rühren in der Glasur auflösen (siehe Seite 9). Mandeln vorsichtig spalten. Kokosraspel in einen tiefen Teller geben.

3 | Nacheinander je 2 Mandelhälften erst in die Glasur tauchen und anschließend als Ohren in die Kuchenkugeln stecken. Dann die Stiele fingerbreit in die Glasur tauchen, sofort in eine Kugel stecken und kurz trocknen lassen. Die Kuchenlollis vollständig überziehen und kurz abtropfen lassen.

4 | Kuchenlollis in den Kokosraspeln wenden. Mithilfe eines Hölzchens zwischen den Raspeln Platz für Augen und Nase freilegen. Crispies als Augen und je 1 Herz als Nase auf die Kugeln setzen.

Diese Cakepops finden Sie auf Seite 2 abgebildet.

Zum Schnurren schön

Rezeptregister

Bezugsquellen

(Auswahl aus dem Internet; u. a. Glasuren, Kuvertüren & Dekore)

www.pickerd.de
www.pati-versand.de
www.hobbybaecker.de
www.laegel.net
www.der-ideen-shop.de
www.meincupcake.de
www.guenthart.de
www.mueller-dekor.de
www.cake-pops.de